INSTITUT DE FRANCE

ACADÉMIE DES INSCRIPTIONS ET BELLES-LETTRES

LES
PRIX DE VERTU EN CHINE

PAR

M. ÉDOUARD CHAVANNES

Lu dans la séance publique annuelle du 18 novembre 1904

PARIS
TYPOGRAPHIE DE FIRMIN-DIDOT ET Cie
IMPRIMEURS DE L'INSTITUT DE FRANCE, RUE JACOB, 56

M D CCCC IV

INSTITUT DE FRANCE

ACADÉMIE DES INSCRIPTIONS ET BELLES-LETTRES

LES
PRIX DE VERTU EN CHINE
PAR
M. ÉDOUARD CHAVANNES

Lu dans la séance publique annuelle du 18 novembre 1904

PARIS
TYPOGRAPHIE DE FIRMIN-DIDOT ET Cⁱᵉ
IMPRIMEURS DE L'INSTITUT DE FRANCE, RUE JACOB, 56

M D CCCC IV

LES
PRIX DE VERTU EN CHINE

PAR

M. ÉDOUARD CHAVANNES

Si un philosophe s'avisait de parcourir la série des discours annuels dans lesquels l'Académie française, pour se conformer aux volontés dernières de M. de Montyon, fait l'éloge des actes méritoires qu'elle récompense, il ne manquerait pas d'y trouver matière à observation psychologique. Je ne veux point insinuer qu'il y recueillerait parfois des révélations curieuses sur les âmes des académiciens; je n'entends parler ici que des personnes qui sont l'objet de ces panégyriques. A voir quelle est leur condition, quel est leur âge et leur sexe, quelle forme prend leur dévouement et quels sentiments motivent leur conduite, on devine ce que doit être l'état social au milieu duquel elles se sont trouvées. Autre étant la civilisation, autre serait la vertu. C'est ce dont on peut se convaincre en jetant les yeux sur ce vaste Empire chinois, dont la population, plus nombreuse que celle de l'Europe entière, obéit dans sa vie à des principes directeurs qui nous sont étrangers.

Pour édifiante que soit la lecture de notre *Journal officiel,* ce n'est pas là que nous allons le plus souvent chercher des leçons de morale. En Chine, au contraire, c'est la vénérable *Gazette de Péking*, qui, parmi tous les édits et les rapports au trône, dont elle est le recueil, nous fournira les documents dont nous avons besoin pour notre étude. Récompenser les bonnes actions est, en effet, le privilège de l'Empereur ; comme d'ailleurs certains hauts fonctionnaires seuls ont le droit de s'adresser au Fils du Ciel, les candidats aux prix de vertu doivent être présentés dans un rapport administratif pour que le souverain puisse prendre connaissance de leur dossier et statuer sur leur cas. Ainsi, la *Gazette de Péking* nous montre comment l'Empereur est informé et nous renseigne en même temps que lui. On peut se demander pourquoi l'autorité suprême intervient dans des questions qui nous paraissent ne relever que du tribunal de la conscience. Ce droit résulte du devoir qu'à l'Empereur de veiller sur l'âme aussi bien que sur le corps de ses sujets ; il est, disent les Chinois, le père et la mère de son peuple ; il est donc tenu, non seulement de veiller à ses intérêts matériels, mais encore de le guider dans la voie du bien. Il le récompense et il le châtie comme des parents leur enfant.

Les prix de vertu que décerne l'Empereur consistent tout d'abord dans l'expression pure et simple de son approbation. Pour rendre public ce témoignage de satisfaction, on se bornait autrefois à l'inscrire sur la porte de celui qu'on voulait honorer. Mais nombre d'habitations sont situées dans des ruelles écartées; afin que nul cependant n'ignorât l'éclatante faveur qu'une famille avait reçue en la personne d'un de ses membres, on a pris l'habitude d'ériger dans les endroits les plus fréquentés, à l'imitation de la porte de la maison, des sortes d'arcs de triomphe formés essentiellement de deux piliers et d'un linteau droit : au sommet est placée en pleine lumière la tablette conférée par l'Empereur; une légère toiture l'abrite contre les intempéries; souvent deux ouvertures latérales plus petites, réservées aux piétons, flanquent la baie principale sous laquelle peuvent passer les voitures. Ces monuments, rehaussés par l'art bizarre et charmant de l'Extrême-Orient, sont d'une architecture fort élégante. Tel est le prix de vertu qu'on attribue aux vivants comme aux morts, aux femmes aussi bien qu'aux hommes. D'autres distinctions sont particulières à certaines catégories de personnes seulement : nous les mentionnerons en examinant les cas spéciaux auxquels elles s'appliquent.

Il est à remarquer que, si l'autorisation d'élever un arc de triomphe est accordé par l'Empereur, ce n'est pas lui qui paie la construction. Sur son ordre, les autorités locales se bornent à octroyer une somme qui est le plus souvent de trente taëls (environ cent francs); ce modeste subside représente sans doute le prix de la tablette sur laquelle est inscrite la formule élogieuse prononcée par le souverain. Quant au reste des frais, ils doivent être supportés par le bénéficiaire ou par sa famille. Il en résulte tout naturellement que, sauf dans certaines circonstances exceptionnelles où une souscription publique vient en aide au mérite pauvre, les gens dans l'aisance peuvent seuls prétendre à obtenir ces coûteux honneurs. Ce serait cependant une erreur de croire que les Chinois font de la fortune la condition nécessaire, sinon suffisante, de la vertu ; leur conception morale est plus complexe : la littérature est, aux yeux des Chinois, la source de toute sagesse ; c'est par l'étude des meilleurs ouvrages de l'antiquité qu'on peut comprendre ce qu'est la nature humaine, qu'on devient capable de distinguer entre le bien et le mal, et que, par suite, on agit bien, car on ne pèche que par ignorance. L'homme instruit est, par définition même, l'homme vertueux. Les lettrés seuls sont donc capables de faire consciemment leur devoir; pour cette raison, on recrute parmi eux les fonctionnaires chargés de guider le peuple qui se conformera sans raisonner à leur exemple. Comme on le voit, il ne peut être vertu digne de ce nom que chez les lettrés, et, comme ceux-ci détiennent le monopole des fonctions publiques, lesquelles sont profitables à qui sait s'en servir, ils sont rarement dans l'indigence. Une famille appartenant à cette classe sociale peut donc toujours trouver les moyens d'élever un monument durable à l'un de ses enfants, dont la gloire rejaillit sur elle.

Puisque l'instruction et la vertu vont de compagnie, on ne sera pas surpris de constater que les lettrés éminents sont au premier chef jugés dignes d'être illustrés par l'arc de triomphe traditionnel. Ils ont droit à cette distinction dès le moment où ils ont été reçus à l'examen du second degré; à plus forte raison pourront-ils célébrer de la même manière leur victoire lorsqu'ils auront conquis le titre du troisième degré; enfin si, dans ce dernier concours, ils ont obtenu l'une des trois premières places, ce qui leur donne aussitôt accès dans la Cour de la Forêt des Pinceaux ou Académie de Chine, et surtout quand l'un d'eux a été le premier de sa promotion, ce qui le rend aux yeux de tous l'homme le plus parfait de son époque, l'arc de triomphe prendra des proportions en accord avec la hauteur des mérites qu'il s'agit de commémorer. Ces examens exclusivement littéraires, principe du recrutement de tous les fonctionnaires, sont une des institutions fondamentales de l'État chinois; dès qu'un enfant témoigne de quelque disposition pour l'étude, on l'initie à l'art long et difficile de développer congrûment une sentence morale; sa famille, au besoin même son village, font les frais de l'éducation, grâce à laquelle il s'élèvera fort au-dessus du vulgaire. Qui verrait d'un coup d'œil l'immense étendue de la Chine, assisterait à l'étrange spectacle des efforts prodigieux auxquels se livre incessamment une nation colossale en mal de rhétorique; à l'époque des examens, l'animation redouble d'intensité : voici, deux fois en trois ans, se rendant à la Préfecture dont ils dépendent, ceux qui aspirent au titre de bachelier; puis, tous les trois ans, affluent à la capitale provinciale les futurs licenciés; enfin, une fois en trois ans aussi, on voit partir de tous les points de l'Empire ceux qui, déjà investis des deux premiers grades, viennent à Péking pour briguer le titre de docteur; de partout et de tout âge, car il en est qui sont à peine sortis de l'adolescence, tandis que d'autres sont octogénaires, les uns en char, les autres en jonque, qui monté sur un cheval, qui trottinant sur un âne, faisant des centaines et parfois des milliers de kilomètres avec ces moyens primitifs de transport, ils accourent pour venir s'enfermer au nombre de dix à quinze mille dans les étroits alvéoles de la ruche bourdonnante disposée sur le terrain des examens, et, quelques jours plus tard, trois cents d'entre eux environ prendront leur essor, docteurs frais éclos qui n'ont plus désormais d'autre ambition que d'entrer à l'Académie. Par la triple étape des épreuves à la Préfecture, puis à la capitale provinciale, puis à Péking, se réalise la centralisation graduelle par laquelle s'opère la sélection des meilleurs, et c'est véritablement la nation tout entière qui vient s'épanouir dans cette fleur rare et superbe : un académicien chinois. Académicien qui ne décerne pas des prix de vertu mais qui en reçoit, parce que, suivant une idée qu'on voudrait croire juste, au plus grand savoir doit être nécessairement associée la plus grande bonté.

Si le succès aux examens est un gage de vertu future, la longévité est, aux yeux des Chinois, une preuve de vertu passée; pour atteindre à un âge avancé, il faut l'avoir mérité; les honneurs qu'on accordera aux vieillards ne seront donc que la contre-partie terrestre d'une récompense que le Ciel lui-même a déjà décrétée en prolongeant une vie au delà des limites ordinaires. Qu'à cette première bénédiction s'en ajoute une seconde sous la forme d'une nombreuse postérité, et il sera plus évident encore que la divinité a été touchée par des vertus exceptionnelles. La phrase stéréotypée : « Cinq générations présentes dans la même salle » loue l'ancêtre qui voit se rassembler autour de lui ses descendants jusqu'aux arrière-arrière-petits-enfants. Il va de soi, d'ailleurs, que les femmes ont plus de chances que les hommes de réaliser cet idéal de la continuité familiale, non peut-être qu'elles soient plus parfaites, mais elles se marient plus jeunes.

En 1891, le vice-roi de Canton adresse un mémoire au trône pour signaler une dame de quatre-vingt-deux ans qui groupe auprès d'elle six fils, quarante petits-fils, cent vingt et un arrière-petits-fils et deux arrière-arrière-petits-fils. Une autre dame n'a que deux fils, deux petits-fils et un arrière-petit-fils qui, tous, vivent avec elle ; mais elle atteint, en 1878, sa centième année et ce grand âge est considéré comme un heureux augure pour la prospérité de l'Empire. Voici enfin M. Tchao, vieillard de quatre-vingt-deux ans, qui est entouré de six fils, treize petits-fils, cinq arrière-petits-fils et un arrière-arrière-petit-fils. A lui, comme aux respectables douairières que nous avons citées on élèvera une porte monumentale.

D'autres arcs de triomphe avec la suscription : « Il a trouvé plaisir aux bonnes œuvres, il s'est plu à la libéralité » sont dédiés à ceux qui se sont montrés compatissants pour les malheureux. En Chine aussi, la souffrance humaine éveille quelque pitié. Mais, quoique je ne veuille pas mettre en suspicion des intentions qui peuvent être pures, et quoique nul n'ait qualité pour sonder les cœurs, je dois reconnaître que la *Gazette de Péking* nous révèle souvent des formes assez peu recommandables de la bienfaisance. La véritable charité qui est l'inclination spontanée d'une âme vers une autre âme abattue et qui existera toujours quoi qu'on dise parce que rien ne saurait remplacer les élans du cœur, cette vertu qui n'a tout son prix que lorsqu'elle ne prétend à aucune récompense, s'évapore en quelque sorte et fait place à je ne sais quelle parodie de désintéressement lorsqu'elle est estimée et tarifée selon des règles qui tiennent compte de la somme donnée, et non des sentiments du donateur. Jugez-en plutôt vous-mêmes : Si une personne offre une souscription de mille taëls (un peu plus de trois mille francs), elle a droit à l'arc de triomphe ; l'érection de ce monument coûtera une somme élevée ; aussi ne peut-on s'empêcher de songer qu'il eût sans doute mieux valu employer plus d'argent à soulager la misère. Lorsqu'en 1892, la *Gazette de Péking* enregistre que la femme du vice-roi Li Hong-tchang, dont la richesse était colossale, envoie aux affamés du Ngan-houei les trois mille francs requis pour qu'on propose d'élever dans son lieu natal de Ho-fei hien le souvenir durable de sa noble conduite, nous pensons involontairement qu'il n'en a guère cuit à cette opulente dame pour passer à la postérité sous les traits d'un ange de dévouement.

Souvent, il est vrai, le désir d'être récompensé ne s'exprime pas ouvertement et le généreux bienfaiteur affirme qu'il est dénué de toute ambition personnelle ; il a soin cependant que son beau geste soit fait de telle façon que nul n'en ignore et le gouverneur de sa province ne tarde pas à lui imposer une douce violence pour qu'il accepte, malgré ses protestations, la distinction dont il s'est rendu digne. Je n'oserais jurer que de semblables comédies ne se jouent pas quelquefois beaucoup plus près de nous.

Il arrive cependant que certaines personnes de conscience délicate refusent le prix de vertu auquel elles ont droit et, par un sentiment de piété filiale qui ne laisse pas que d'être louable, le font décerner à leurs parents ou à leurs grands-parents défunts dont les sages enseignements, disent-elles, sont la seule cause de leur tendance à faire le bien. Et cela serait fort touchant si là encore on n'apercevait par instant une légère ostentation, car, vraiment, l'intendant de Chang-hai, qui, en 1890, fit un don de trois mille taëls pour que des monuments fussent consacrés à la mémoire de ses deux arrière-grands-pères, de ses deux arrière-grand'mères, de son grand-père et de sa grand'mère, ne dépassa-t-il pas quelque peu la mesure?

Quand le don fait aux pauvres atteint le chiffre de dix mille taëls (plus de trente mille francs), le banal arc de triomphe ne suffit plus à célébrer une telle libéralité; l'Empereur en personne tracera de son pinceau la formule approbative sur une tablette qui deviendra dès lors le plus précieux joyau de toute une famille. Quand il s'agira d'un très haut fonctionnaire, on anoblira ses ancêtres jusqu'à la troisième génération.

Peut-être des moralistes indulgents ne verront-ils pas grand mal à ces satisfactions de vanité qui, somme toute, ne lèsent les intérêts de personne et peuvent être un adjuvant assez fort pour décider à l'action une bienfaisance hésitante. Mais on ne saurait excuser d'autres pratiques qui, en Chine même, sont condamnées par tous les esprits supérieurs; il arrive en effet que des intrigants s'ingénient à tirer un profit réel de leurs bonnes actions qu'ils monnayent en titres officiels et en charges publiques : celui-ci, pour avoir donné vingt mille taëls, reçoit le bouton mandarinal du premier degré et la décoration de la plume de paon; cet autre, vieux fonctionnaire dégradé, retrouve son ancien rang, parce qu'il a fourni aux indigents vingt mille vêtements ouatés; un licencié, enfin, moyennant une libéralité de dix mille taëls, devient du coup préfet en expectative et se trouve inscrit en tête de la liste d'avancement.

Nous voici un peu trop loin de la vertu : revenons dans des parages mieux fréquentés.

Nous n'avons parlé jusqu'ici que de l'aumône; mais il est des formes plus efficaces de la charité. La misère est une maladie sociale pour laquelle on n'aura jamais que des remèdes insuffisants; il vaut mieux nous prémunir contre elle par une hygiène appropriée. Les économistes de nos jours élaborent le code de ces mesures préventives : amélioration du logement, lutte contre l'alcoolisme, développement de l'instruction, encouragement à la mutualité, création de retraites pour les vieillards. Ce sera peut-être dans l'avenir un des mérites de notre époque moralement si troublée que d'avoir été du moins unanime à comprendre les devoirs qui sont imposés à tous par la solidarité humaine et d'avoir essayé d'organiser la lutte contre le mal en constituant une véritable science du bien. En Chine, les lamentables mendiants qui infestent les rues des villes témoignent éloquemment de l'insuffisance des moyens employés jusqu'ici pour diminuer le paupérisme. Ce n'est pas à dire cependant qu'aucun effort n'ait été tenté, et la *Gazette de Péking* nous révèle tout un groupe de faits qui sont intéressants ; mais, pour les bien comprendre, il est nécessaire de rappeler ce qu'est la famille chinoise.

Cette famille est presque toujours fort nombreuse ; fondée sur le principe religieux que les défunts doivent recevoir de leurs descendants mâles en ligne directe les sacrifices qui assurent leur bonheur dans l'autre monde, son principal souci est d'assurer la prolongation de la lignée au moyen du plus grand nombre de fils possible ; avoir beaucoup de fils est le vœu de tout Chinois ; n'en avoir aucun serait un grave manque de piété filiale envers les mânes des ancêtres, frustrés par là des offrandes qui leur sont dues ; l'adoption se substitue à la nature quand celle-ci a privé un homme d'enfants ou ne lui a donné que des filles. Ainsi la famille se perpétue de génération en génération et se renforce pour toute la suite des temps aussitôt qu'il y a plusieurs frères, car chacun d'eux à son tour devient le point de départ d'une tige nouvelle qui doit nécessairement croître et se multiplier. Les familles chinoises se transforment donc avec les siècles en clans fort étendus qui comprennent souvent plusieurs centaines ou même quelques milliers de personnes. Mais, tout en se ramifiant à l'infini, la famille reste étroitement unie. Le même principe du culte aux ancêtres, qui provoque son incessant développement, maintient aussi sa cohésion permanente ; des tableaux généalogiques dressés avec un soin minutieux conservent le souvenir exact de la parenté qui subsiste entre les innombrables branches issues d'un même tronc. Enfin, dans ce pays d'agriculteurs où l'Empereur lui-même donne une fois par an l'exemple du labourage, la famille reste profondément enracinée au sol qui l'a vue naître ; les tombes de son cimetière réunissent toujours autour d'elles les vivants qui, plus tard, prendront eux aussi leur place dans ce lieu de repos; c'est là que viendra finir ses vieux jours le fonctionnaire que les hasards de la carrière officielle ont pu mener ailleurs lorsqu'il était dans la force de son âge, et, s'il meurt au loin, c'est là que son corps sera transporté pour jouir parmi les siens du calme éternel.

Au sein de ces familles si vastes, il est inévitable que des inégalités de fortune se produisent; comme, d'autre part, les membres du clan restent groupés en un même endroit et gardent la mémoire de leur communauté d'origine, ils forment une sorte de phalanstère naturel dans lequel pourront être appliquées quelques réformes sociales en vue d'assister les malheureux. C'est ainsi que, en 1888, un ancien gouverneur de province donne 19000 taëls (environ 60000 francs) pour faire une fondation perpétuelle en faveur des pauvres de sa famille; un conseil d'anciens est chargé de gérer les revenus de cette somme en se conformant à une ordonnance dont tous les articles ont été minutieusement établis. En 1891, Siu Yong-yi, alors vice-président du ministère des Finances à Péking et membre du conseil des Affaires étrangères, achète dans la province de Tchö-kiang, d'où il est originaire et où se trouve établie sa famille, une propriété d'environ 100 hectares dont la rente sera employée à entretenir les veuves et les orphelins du clan, à subvenir aux frais des mariages et des funérailles et à instruire les enfants des ménages indigents. Siu Yong-yi reçut à cette occasion un prix de vertu sous la forme d'un témoignage autographe de la satisfaction impériale; cela ne l'empêcha point d'être mis à mort lorsqu'il osa en 1900 tenir tête au prince Touan et intercéder en faveur des légations étrangères assiégées dans la capitale par une foule hurlante de fanatiques que le nationalisme exaspéré des plus hauts fonctionnaires de la Cour excitait ou laissait faire.

On pourrait multiplier les exemples de ces dotations familiales; mais il suffira d'en avoir signalé la fréquence, car elles ne diffèrent les unes des autres que par le détail. L'idée première en est due au célèbre homme d'État Fan Tchong-yen, qui vécut de 989 à 1052; il y a donc déjà neuf siècles que la Chine pratique ce mode d'assistance limitée approprié à son état social.

Si ce système était appliqué dans chaque famille, nul doute qu'il ne produisît des résultats excellents; c'est en opérant sur des groupements restreints que l'initiative d'un homme de bien a chance d'être efficace. Mais, quelque nombreuses que soient les fondations dont nous venons de parler, elles sont peu de chose par rapport à l'énorme population de l'empire. En réalité, presque tous les Chinois sont sans défense contre le malheur possible; ils vivent au jour le jour; qu'une catastrophe imprévue les atteigne, ils sont aussitôt plongés dans une irrémédiable détresse, car nulle institution de prévoyance ne les protège. Dignes de pitié surtout sont les veuves et les orphelins qui, privés de leur soutien naturel, sont voués à une existence misérable. Quelques mesures ont cependant été prises pour leur venir en aide. En 1887, le gouverneur du Yun-nan fait l'éloge d'une association qui s'est créée dans la ville de Ta-li-fou afin de secourir les veuves; formée d'abord au capital de 4000 taëls, elle s'est graduellement enrichie ; elle donne maintenant à chaque veuve un taël, c'est-à-dire 3 fr. 25, par mois, et une somme un peu plus considérable à celles qui ont des enfants. Qu'on ne se récrie pas trop haut sur la modicité de ces secours : l'Assistance publique à Paris alloue en moyenne 4 francs par mois aux veuves dont les enfants sont âgés de plus de trois ans. Des maisons de refuge pour les veuves paraissent exister dans la plupart des capitales provinciales, mais elles sont trop étroites; en 1891, le gouverneur du Kouei-tcheou signale à la bienveillance de l'Empereur une dame charitable qui pendant deux ans distribua du riz ou du millet à 202 veuves; sans elle, ces malheureuses qui n'avaient pu obtenir d'être admises à l'asile provincial, seraient mortes de faim.

Chez les gens que leur situation met à l'abri de la pauvreté, le sort de la veuve est moins précaire; mais, si elle est jeune et sans enfant, sa destinée est loin d'être enviable. Le mariage l'a définitivement séparée de sa propre famille, et la mort de son époux a brisé le seul lien qui la rattachât à ses beaux-parents; c'est cependant auprès de son beau-père et de sa belle-mère qu'elle devra continuer à vivre, car l'opinion publique condamne, dans la classe des lettrés, la veuve qui se remarie. « La femme chaste et pure ne sert qu'un seul homme jusqu'à la fin de sa vie », dit un livre classique, le Yi-king; et c'est un axiome souvent répété que « de même qu'un ministre loyal ne sert pas successivement deux maîtres, ainsi une femme fidèle n'épouse pas un second mari ». Il ne faut pas voir là une simple règle de bienséance; ce principe moral est en réalité fondé sur l'idée que le mari a la propriété de sa femme et que la mort n'interrompt pas ses droits sur elle ; dans l'antiquité chinoise, lorsqu'un prince mourait, on enterrait avec lui ses serviteurs et ses favorites qui devaient rester à ses côtés dans l'autre vie ; aujourd'hui la mort n'est plus imposée aux femmes ; mais le sentiment populaire, faisant une vertu de ce qui était autrefois une obligation, loue sans réserve les épouses qui se suicident pour suivre leur mari sous la terre.

Voici, entre mille, un des exemples que nous présente la *Gazette de Péking;* en 1892, Li Hong-tchang, vice-roi du Tche-li, adresse à l'Empereur un mémoire au sujet d'une jeune femme qui avait épousé le neveu d'un magistrat ; après moins d'un an de vie en commun, le mari tomba malade et mourut ; sa veuve jura qu'elle l'accompagnerait dans la tombe et s'abstint de manger pendant sept jours ; cédant enfin aux instances de ses beaux-parents, elle consentit à prendre un peu de nourriture. Mais, revenue bientôt à sa résolution première, elle tente à deux reprises de s'empoisonner et n'est sauvée que par une prompte médication. Peu après, son beau-père tombe malade ; elle lui prodigue les soins les plus tendres, et ne prend aucun repos pendant plus d'un mois ; lorsqu'il commence à se rétablir, elle s'empoisonne de nouveau et meurt ; cent jours s'étaient passés depuis qu'elle avait perdu son mari. Le vice-roi considère qu'elle a eu un mérite tout particulier à cause de la manière froide et résolue dont elle s'est tuée après qu'un si long laps de temps s'était écoulé. Il propose donc que le ministère des Rites décide d'élever en son honneur un arc de triomphe.

En cette même année 1892, autre demande analogue

faite par le gouverneur du Chan-si ; l'héroïne dont il s'agit ici est une fille de bonne famille dont le père et le grand-père eurent le grade d'intendant. Quand elle eut une dizaine d'années, sa mère dut s'aliter et fut en danger de mort ; l'enfant coupa de sa propre chair pour la mêler aux potions de la malade et parvint ainsi à la guérir ; ce trait n'est point spécial au cas que nous examinons : il se retrouve souvent dans les histoires de dévouement ; par son sang et sa chair une personne croit pouvoir transfuser à une autre sa bonne santé, et lui communiquer un peu de sa propre vie. Quand la jeune fille fut nubile, elle épousa un magistrat en expectative qui, quelques mois plus tard, fut atteint d'une grave maladie ; encore une fois, elle se taillada le bras pour lui offrir un suprême remède ; mais sa sollicitude fut vaine ; il mourut. Accablée de chagrin, et n'ayant ni parents ni enfants à qui consacrer le reste de ses jours, elle décida qu'elle cesserait de vivre. Lorsqu'elle eut terminé les cérémonies funéraires pour le repos de l'âme de son mari, elle prit du poison ; elle rassembla ce qui lui appartenait en vue de subvenir aux frais de son enterrement, fit quelques menus présents à ceux qui l'entouraient, puis, calmement assise, en vêtements de cérémonie, elle attendit la fin.

La fidélité jusque dans la mort n'est pas moins fréquente chez les concubines que chez les épouses en titre et leur donne droit aux mêmes honneurs. Une pétition populaire, apostillée par le vice-roi et le gouverneur de Canton, raconte, en 1887, un drame qui nous montre comment ces humbles cœurs savent aimer. Un homme étant près de mourir, sa concubine suppliait les dieux de prendre sa propre vie pour le sauver; ses prières ne furent point entendues; quand le dénouement fatal fut survenu, elle résolut de renoncer à l'existence. L'épouse principale et ses enfants insistèrent en vain avec toute leur affection pour qu'elle renonçât à son projet; malgré la surveillance dont on l'entourait, elle parvint à s'échapper de nuit et s'alla noyer dans la rivière; son corps, emporté par le courant, fut retrouvé un peu plus loin; drapée dans ses blancs vêtements de deuil elle semblait endormie et son visage avait gardé sa douceur coutumière. Ses obsèques furent faites par souscription publique.

Nombreuses aussi sont les fiancées qui perdent leur futur mari avant d'être unies à lui et qui se tuent pour ne pas lui survivre. A seize ans, à dix-sept ans, elles s'en vont sans une plainte d'un monde qui n'est plus le leur depuis qu'on les attend là-bas.

Certains esprits absolus font profession de dénigrer toute vertu qui ne s'inspire pas des principes dont ils se sont eux-mêmes persuadés. Nous ne saurions les approuver; nous sommes, suivant la belle parole de Térence, des hommes et nous ne croyons pas que rien d'humain nous soit étranger. Sous les formes diverses et imprévues que prend le dévouement, il jaillit toujours de la même source éternelle qui est l'amour; ils en célèbrent la force invincible, ces arcs de pierre qui se succèdent et qui forment en Chine comme une voie funèbre et triomphale au long de laquelle se déroule l'interminable procession des jeunes mortes. Chastes épouses, vierges soumises, à qui la douce lumière du jour fut prématurément ravie, elles évoquent dans nos mémoires le souvenir d'Alceste et d'Iphigénie; comme leurs sœurs de Grèce, elles furent victimes de croyances que nous ne partageons point; mais leurs petites âmes furent emportées par le souffle puissant du grand amour et leur martyrologe est une page, et non la moins émouvante, dans la longue et douloureuse histoire de sacrifice volontaire que la femme écrit sur le livre de l'humanité.

La fidélité à l'époux peut cependant être réelle sans avoir recours à des partis extrêmes. Souvent d'impérieux devoirs font une obligation de vivre à celle qui aurait désiré périr. L'une a des enfants à élever; cette autre est nécessaire à ses parents ou à ses beaux-parents. Si elle s'acquitte de sa tâche en conscience et si elle conserve intacte sa chasteté, la veuve sera louée de tous ; sur un rapport des hautes autorités provinciales, elle pourra recevoir la marque de l'approbation impériale. Le gouvernement chinois a exprimé à diverses reprises son désir de voir les veuves préférer au suicide cette conduite moins dramatique mais plus sage; un édit de 1729 expose à ce propos des idées qui sont fort raisonnables; toutefois la vieille coutume est restée vivace, parce qu'il est rare que les croyances soient modifiées par des décrets.

Les fiancées elles-mêmes peuvent, en continuant à vivre, se consacrer à celui qu'elles auraient dû épouser. Elles feront vœu de n'appartenir qu'à lui. L'une d'elles, en 1874, plaçait dans le cercueil sa chevelure comme un gage de sa ferme résolution d'être unie pour toujours au mort; elle renouvelait ainsi à son insu l'acte que dans la plus haute antiquité avait accompli le loyalisme de certains hommes offrant aux dieux leurs cheveux et leurs ongles comme un signe qu'ils étaient prêts à livrer leur vie pour sauver leur souverain; par leurs cheveux et par leurs ongles, ils faisaient déjà le don d'une partie de leur personne; c'est ainsi que nous voyons se répéter de nos jours le geste héréditaire dans lequel se trahit un passé qui remonte au plus lointain des âges. Mais la fiancée chinoise ne se contente pas de se lier par des promesses; elle peut contracter un véritable mariage mystique avec l'âme du mort; revêtue de ses habits de noces, elle prendra dans ses bras, parfois en présence du cercueil, la tablette sacrée sur laquelle est écrit le nom de son fiancé et les parents du défunt l'accueilleront comme leur fille. Elle sera considérée désormais comme une véritable épouse; si ses beaux-frères ont des fils, elle adoptera l'un d'eux qui deviendra l'enfant issu d'elle et de son fiancé et qui pourra plus tard présenter aux mânes de son prétendu père les offrandes qui apaisent.

Les récompenses que le gouvernement chinois attribue à la fidélité conjugale, il les accorde aussi à la piété filiale. Ici encore, nous trouvons le suicide en honneur, mais il est moins fréquent, car la nécessité de perpétuer les sacrifices aux ancêtres par la continuité de la famille lutte efficacement contre la propension qu'auraient certaines personnes à quitter de leur plein gré la vie pour suivre leurs parents dans l'autre monde. En 1879, un arc de triomphe est élevé en l'honneur d'un homme de trente-quatre ans qui a donné un exemple admirable de piété filiale : lors d'une grave maladie de son père, il l'avait soigné nuit et jour, sans même prendre le temps de se déshabiller pour dormir; il n'avait cessé d'implorer les dieux pour sa guéríson et l'avait enfin obtenue en mêlant de sa propre chair aux médicaments; quelques années plus tard, lorsque son père mourut, il se laissa périr d'inanition en déclarant : « Je veux accompagner mon père dans la tombe afin de pouvoir subvenir à ses besoins ; je ne désire plus vivre. » C'est en tenant le même langage et c'est de même en s'abstenant de toute nourriture qu'en 1891 une fille alla rejoindre sa mère défunte; pour mettre à exécution son funeste projet, elle avait attendu que son père fût revenu d'une mission officielle qui l'avait éloigné de sa maison ; c'est après lui avoir annoncé avec respect sa détermination qu'elle se permit de mettre fin à ses jours. Une autre avait refusé de se marier afin d'être le soutien de ses vieux parents ; quand sa mère, qui n'avait plus de dents, voulait manger, elle lui mâchait la besogne, au sens propre si l'on peut ainsi parler; nous ne nous étonnerons pas que la grave *Gazette de Péking* mentionne ce détail : le même service intime que rend depuis des temps immémoriaux la piété filiale en Chine est déjà figuré sur des bas-reliefs du II⁰ siècle de notre ère; à la mort de sa mère, cette fille aimante accomplit les rites prescrits et manifesta son chagrin d'une manière aussi parfaite, nous dit-on, qu'un fils l'aurait pu faire ; il n'est pas de plus grand éloge. Elle mourut peu de temps après; un monument conserve sa mémoire.

Autrefois il arrivait souvent qu'un fils pieux se décidait à demeurer pour le reste de ses jours dans une hutte de branchages auprès de la tombe de son père ; s'il ne se tuait pas effectivement, il ne subsistait plus qu'en tant que serviteur des mânes, et, à l'existence près, l'immolation était totale. Parfois, on se bornait à passer dans ces conditions les trois années de deuil réglementaires ; c'est ce que firent, au Ve siècle avant notre ère, les disciples de Confucius qui, pendant trois ans, habitèrent auprès de la sépulture de leur maître; l'un d'eux doubla même spontanément la période de deuil et prolongea ce pénible séjour pendant six années. Aujourd'hui, cette coutume est tombée en désuétude ; il en reste cependant encore quelques vestiges. En 1872, Li Hong-tchang propose d'élever un arc de triomphe à un homme qui, depuis 1863, vivait auprès de la tombe de sa mère; au début, il était exposé à toutes les intempéries, et ce furent ses voisins qui, touchés de sa vertu, lui construisirent un abri en roseaux; depuis huit années, il se tient là, récitant le livre classique de la Piété filiale pour attirer les bénédictions du Ciel sur les hommes, et distribuant des simples pour guérir les malades; on le vénère à dix lieues à la ronde.

Entre la piété filiale et le loyalisme, il n'y a pour les Chinois qu'une différence de degré; le sujet fidèle agit envers son souverain comme le fils envers son père. Tous ceux qui ont bien servi l'État, généraux qui furent braves sur le champ de bataille, administrateurs qui se montrèrent zélés pour le bien du peuple, notables qui furent en exemple aux gens de leur district, méritent donc que l'Empereur reconnaisse publiquement leur vertu. Mais ce n'est plus par des arcs de triomphe qu'on les illustre; les récompenses qu'on leur décerne sont d'une autre sorte et ne leur sont jamais accordées qu'après leur mort : ce sont d'abord des titres posthumes leur attribuant des grades plus élevés que ceux qu'ils eurent de leur vivant; puis c'est leur biographie rédigée par le bureau des historiographes officiels, notice qui trouvera place plus tard dans les annales de la dynastie et qui confère au mort la dignité de personnage historique; c'est enfin le temple qui consacre à jamais la mémoire du défunt et qui assure des offrandes perpétuelles à son âme.

Pour que, par cette faveur dernière, un homme puisse devenir un saint, il faut une sorte de procès de canonisation dans lequel toutes les objections sont présentées par ceux qui se font, comme nous dirions, les avocats du diable. En 1891, lorsque le général mahométan Ma Jou-long mourut, une pétition apostillée par le vice-roi du Yun-nan et du Kouei-tcheou, pria l'Empereur de lui accorder des honneurs posthumes à cause des services qu'il avait rendus dans la répression de la terrible révolte des Musulmans au Yun-nan de 1858 à 1873. Un édit du 23 octobre prescrivit de lui élever un temple à Yun-nan fou. Aussitôt le président de ce fameux corps des censeurs qui est chargé en Chine de contrôler en toute liberté et en toute franchise les actes du gouvernement, rappela que Ma Jou-long avait commencé par être un des principaux instigateurs de la rébellion, qu'il avait mis à feu et à sang des villes entières, que même après avoir fait volte-face et accepté le titre de général dans l'armée chinoise, il avait continué à tenir une conduite suspecte. Si, déclarait le protestataire, les honneurs qui viennent de lui être conférés par décret impérial ne sont pas rapportés, il est à craindre que les centaines de milliers d'âmes innocentes qu'il a envoyées dans le monde des ombres ne soient saisies d'indignation. L'Empereur fit droit à ces représentations, et, par un édit du 16 novembre, déclara que le temple ne serait pas érigé.

Les motifs pour lesquels un homme est canonisé peuvent être fort divers : ici c'est un général qui était si brave que, rien qu'à entendre le récit de ses exploits, les auditeurs pâlissent encore aujourd'hui d'effroi ; là, c'est un administrateur qui avait témoigné au peuple tant de bonté que lorsqu'il fut nommé à un autre poste, les pauvres gens s'accrochaient à sa chaise à porteurs pour qu'il ne s'éloignât pas. En accord avec les faits que nous avons rappelés à propos du dévouement conjugal et de la piété filiale, nous constatons que le suicide d'un fonctionnaire est souvent considéré par les Chinois comme un acte d'héroïsme : lors de la rébellion des T'ai-p'ing, la ville de Hang-tcheou fut assiégée en 1860 ; après avoir pris part à la défense de la place, un intendant, voyant que la situation était désespérée, rentra dans sa demeure ; il annonça à tous les siens que le devoir d'un magistrat était de périr quand la ville était conquise ; ensuite il se noya dans le puits de la cour ; son fils et un de ses serviteurs suivirent son exemple. Un temple lui fut consacré en 1892. Cette bravoure froide et inutile est fréquente chez les Chinois. Ne se rappelle-t-on pas comment l'amiral Ting s'empoisonna en 1895 lorsqu'il eut laissé prendre sa flotte par les Japonais dans la rade de Wei-hai-wei? Ce n'est point avec cette résignation qu'un officier de notre pays eût agi ; lui aussi il aurait su faire le sacrifice de sa vie, mais c'eût été en livrant à l'ennemi quelqu'une de ces attaques désespérées et sublimes qu'eurent souvent à glorifier les fastes militaires de la France.

Pour les hommes d'un mérite exceptionnel, les Chinois bâtissent des temples dans leur lieu natal et dans tous les endroits où leur influence bienfaisante s'est exercée. Le nombre de ces édifices peut donc devenir considérable. Qu'il s'agisse par exemple d'un grand politique et d'un stratège habile comme Tso Tsong-t'ang, le pacificateur du Turkestan, nous verrons, bien qu'il ne soit mort qu'en 1885, les sanctuaires en son honneur se multiplier d'année en année à mesure qu'on rappelle les localités qui furent le théâtre de ses hauts faits. Mais les temples les plus nombreux sont sans doute ceux de Confucius, car il en existe un dans chaque ville de Chine; est-il, en effet une seule place dans l'empire qui ne subisse l'autorité de ce sage et qui ne lui doive de la reconnaissance?

Les temples de Confucius réunissent autour du maître les tablettes funéraires de ses disciples et celles des hommes de tous les temps qui contribuèrent de la manière la plus efficace à répandre ses enseignements; il n'y a pas de plus grande distinction pour un lettré que d'être incorporé dans cette glorieuse phalange. On remarquera des groupements semblables auprès d'autres personnes illustres; la *Gazette de Péking* a enregistré dans ces dernières années les noms de divers officiers qui, sans préjudice du sanctuaire spécial qui leur est destiné, sont admis à figurer aux côtés de Tso Tsong-t'ang dans ses temples. Nous voyons donc se constituer ici sous nos yeux une petite société guerrière analogue à la docte assemblée au milieu de laquelle trône Confucius. Il ne serait pas sans intérêt de dresser la liste des cénacles divers que le culte forme ainsi avec tous les collaborateurs à une même œuvre, car on y trouverait l'indication de la solidarité intellectuelle qui, aux yeux des Chinois, classe ensemble certains esprits; ces temples qui placent aux côtés d'un éponyme central toute une hiérarchie de coadjuteurs, symbolisent une idée conçue et développée par un promoteur et par tous ceux qui contribuèrent à l'exécution de ses desseins.

A côté des temples qui sont affectés au service d'un personnage éminent, accompagné ou non d'assesseurs, on en trouve d'autres qui accueillent sous une rubrique générale un très grand nombre d'hôtes. Dans chaque préfecture et dans chaque sous-préfecture en effet sont établis un temple consacré à l'illustration et au loyalisme, un autre aux fonctionnaires célèbres, un autre aux sages du district; là viennent s'entasser les tablettes représentatives de tous ceux qui sont jugés dignes d'être admis dans ces enceintes où ils auront leur part des sacrifices. Il existe de même, dans chaque ville, des temples communs, les uns pour les femmes qui ont fait preuve de chasteté et de piété filiale, les autres pour les hommes qui se sont conduits en sujets loyaux et justes, en fils pieux, en frères cadets respectueux; c'est dans ces édifices qu'entreront après leur mort les plus méritants parmi les hommes et les femmes à qui leur conduite a déjà valu l'arc de triomphe.

Tous ces temples qui couvrent le territoire de la Chine ne sont pas de simples marques honorifiques; mais ce serait sans doute en mal expliquer la raison d'être, que de les considérer comme les manifestations d'une religion de l'humanité inventée pour célébrer la vertu, ou comme les édifices d'un culte des grands hommes institué par la patrie reconnaissante. L'idée qui leur a donné naissance paraît être moins subtile; pour le gouvernement, ces temples sont le moyen par lequel il continue à récompenser les gens de bien, même après leur mort, en leur offrant des sacrifices qui leur sont agréables; quant au peuple, il s'imagine volontiers que les saints qu'il vénère seront disposés à répandre des bénédictions sur lui s'il les loge et s'il les nourrit; et c'est pourquoi il souhaite qu'un temple fixe leur âme dans les lieux où, de leur vivant déjà, ils se montrèrent bienfaisants.

L'imagination du vulgaire ne tarde pas, d'ailleurs, à voir des preuves évidentes que la protection des morts illustres s'exerce effectivement dans la région où ils résident; comme elle s'attend à des miracles, il est inévitable qu'il s'en produise; c'est ainsi qu'un homme devient promptement un dieu, et nous assistons en Chine à une genèse constante de mythes, conformément au système trop décrié d'Evhémère. Les exemples abondent : un certain Tchao Pien vécut de l'année 994 à l'année 1070; lorsqu'il gouvernait une province du sud de la Chine, il sut prévenir les maux qui auraient pu résulter de la famine, et, pour cette raison, sa mémoire est restée chérie dans la contrée. Un rapport présenté à l'Empereur, en 1891, par le gouverneur du Kouang-sì, nous révèle la transformation qu'a subie, au bout de huit siècles, ce personnage parfaitement historique; il est maintenant avéré que lorsque Tchao Pien, se trouvant dans la préfecture de Yi-tcheou, jouait du luth, les oiseaux des airs l'accompagnaient de leur chant; et que, lorsqu'il implorait le Ciel pour délivrer le district du fléau des sauterelles, celles-ci, tout aussitôt, allaient bénévolement se précipiter dans l'eau ; après sa mort, Tchao Pien n'a cessé de manifester ses pouvoirs surnaturels pour le plus grand bien des habitants de Yi-tcheou, qui l'invoquent comme une divinité tutélaire. Le gouverneur du Kouang-si propose donc que le temple de Tchao Pien soit désormais inscrit sur la liste des bâtiments religieux où des offrandes sont faites, par les soins des fonctionnaires locaux, au printemps et à l'automne.

Autre anecdote : Dans la sous-préfecture de Fo-kang, au nord de Canton, un temple fut construit, au XVe siècle, en l'honneur de T'ien San-lang, qui s'était distingué par sa piété filiale et sa charité. Ce T'ien San-lang est devenu un puissant dieu; dans les cas de calamités publiques, telles que disette ou inondation, il exauce toujours les prières qu'on lui adresse; en 1796, des soldats l'invoquèrent et le virent, sous la forme d'un vieillard vêtu d'une robe rouge, mettre en fuite leurs ennemis; en 1855, quand les rebelles T'ai-p'ing venaient de faire irruption dans la ville, il apparut, cette fois encore tout de rouge habillé, un glaive à la main, escorté de bannières innombrables; les envahisseurs terrifiés prirent la fuite; lors d'un autre péril, on aperçut dans les airs une oriflamme sur laquelle flamboyait son nom; une légion de guerriers surnaturels volait par derrière. En 1872, après avoir rappelé ces prodiges, le vice-roi des deux Kouang demande que l'Empereur décerne à ce bon génie de la cité de Fo-kang un titre honorifique; en d'autres termes, il propose qu'on lui attribue un prix de vertu.

Voici donc une nouvelle et dernière catégorie de titulaires des prix de vertu; ce sont les dieux Les récompenses dont il s'agit ici, en effet, ne sont plus accordées à certains hommes pour les actes qu'ils ont accomplis pendant leur vie ; elles reconnaissent les miracles accomplis par des mortels après qu'ils se sont mués en divinités. Et ce ne sont pas seulement les dieux anthropomorphiques qui sont l'objet de ces distinctions ; le panthéon chinois tout entier, avec ses personnages multiformes provenant des origines diverses que découvrent successivement les mythologues, est sous la dépendance du ministère des Rites, qui accorde des promotions à ceux dont la conduite lui agrée. Il ne se passe pas d'année où la *Gazette de Péking* ne mentionne qu'une tablette élogieuse a été envoyée, en témoignage de la satisfaction impériale, à quelqu'un de ces innombrables dieux-dragons qui ont le pouvoir de faire tomber la pluie aimée des agriculteurs. L'Empereur nous apparaît ainsi comme le juge universel du bien et du mal, comme le dispensateur suprême de l'éloge et du blâme, dans le monde visible et dans celui qui est invisible ; il est le souverain qui règne à la fois sur les corps et sur les âmes, sur les vivants et sur les morts, sur les hommes et sur les dieux ; en lui se réalise l'étroite union de la politique, de la morale et de la religion, principe fondamental du gouvernement chinois ; il est véritablement le Fils du Ciel, et son omnipotence absolue et sacrée provient de ce qu'il est le mandataire du Ciel sur la terre.

En passant en revue les principaux cas dans lesquels la vertu est récompensée en Chine, nous avons eu à signaler des institutions, des coutumes et des croyances qui sont fort différentes des nôtres. Les idées morales, en effet, sont la pierre de touche qui décèle infailliblement les oppositions des races ; elles forment une sorte de physionomie du caractère aussi accusée et aussi constante que la couleur de la peau ou que les traits du visage. Formées par le travail continu des temps, et communes à un grand nombre d'individus, elles plongent leurs racines dans ces régions obscures de l'esprit où subsiste, à demi inconsciente, la pensée des générations anciennes et où s'élabore confusément l'âme indistincte des peuples. Elles sont la manifestation d'une vie occulte qui se poursuit avec intensité au-dessous des claires régions de l'intelligence ; elles expriment une force permanente et sociale pour qui les siècles et les hommes ne sont que des conditions accidentelles. Comme ces récifs de la mer Rouge, constitués par des milliards de coraux qu'un instinct sûr, durable et fort dirigea dans leurs constructions sans trêve, toute race possède en elle-même une volonté profonde qui préside à son évolution, et qui détermine sa morale. Au moment où le voile se déchire qui nous cacha pendant si longtemps la Chine antique et populeuse, nous apercevons tout proche de nous l'énigmatique génie qui l'inspire depuis quatre mille ans ; brusque apparition qui se produit dans des circonstances tragiques, car ce n'est plus maintenant l'aimable aurore aux doigts de rose, c'est une aube farouche aux mains sanglantes qui nous ouvre les portes de l'Orient. Demain nous apprendra ce qui doit résulter de cette rencontre de deux mondes et de deux hérédités.

Paris. — Typ. Firmin-Didot et Cie, impr. de l'Institut, 56, rue Jacob. — 44759.

www.ingramcontent.com/pod-product-compliance
Lightning Source LLC
Chambersburg PA
CBHW060908050426
42453CB00010B/1596